Recetas
para **consentir**
a tu **perro**

IVÁN MILLÁN

LAROUSSE

Recetas para consentir a tu perro

IVÁN MILLÁN

LAROUSSE

Dirección editorial Tomás García Cerezo

Coordinación editorial Verónica Rico Mar

Coordinador de contenidos Gustavo Romero Ramírez

Asistencia editorial Montserrat Estremo Paredes

Asesoría veterinaria Liz Parroquín MVZ

Fotografía Alex Vera Fotogastronómica®

Asesor creativo Charly Meier

Estilismo de alimentos Roberto Daniel López González

Diseño y formación Estudio Creativos

Corrección Adolfo Tomás López Sánchez

Diseño de portada Ediciones Larousse S.A. de C.V., con la colaboración de Rubén Vite Maya

Fotografía complementaria ©Shutterstock

*Agradecemos a Instituto Broyé por las facilidades otorgadas para la toma de fotografías.

Primera edición , 2016

©2016 Ediciones Larousse, S.A. de C.V.Renacimiento 180, Colonia San Juan Tlihuaca, Delegación Azcapotzalco, C.P. 02400, Ciudad de México, México

ISBN 978-607-21-1635-1

Este libro se terminó de imprimir en el mes de Enero del 2017 en Impresos Vacha, S.A. de C.V.
Juan Hernández y Dávalos Núm. 47, Col. Algarín, Ciudad de México, C.P. 06880, Del Cuauhtémoc.

Presentación

En Larousse sabemos que tu perro es parte importante de tu familia y que, como al resto de ella, te gusta cuidar de él y consentirlo. Es por ello, que de la mano del chef Iván Millán, te presentamos una gran variedad de recetas saludables y deliciosas con las que podrás demostrarle cuánto lo quieres.

Cocinarle ocasionalmente sus alimentos en casa con ingredientes naturales y frescos te ayudará a conocer mejor a tu fiel compañero, a descubrir qué le gusta y le sienta bien, y qué no; además de que en cada bocado estará recibiendo un poco del cariño que imprimiste en las recetas. Para tu perro, probar distintos alimentos y texturas es una experiencia placentera, además de un respiro de la monotonía de las croquetas. Asimismo, prepararle tú mismo sus premios te permite saber con exactitud qué ingredientes contienen y puedes evitarle el consumo de conservadores, saborizantes y colorantes artificiales; de esta forma podrás consentirlo al mismo tiempo que lo nutres.

Pensando en la salud y bienestar de tu mascota, las recetas, consejos e información nutrimental de este libro han sido revisados y aprobados por un médico veterinario zootecnista. Es importante que tomes en cuenta que ninguna de las recetas que se presentan en esta obra pueden ser utilizadas como sustituto de las croquetas o del alimento húmedo que tu perro consume diariamente y, por lo mismo, deben ofrecerse semanal o quincenalmente. Un médico veterinario podrá informarte sobre cuál es la mejor opción de alimento para tu perro; éste deberá incluir ingredientes de calidad y brindarle una alimentación balanceada según sus características específicas.

Con *Recetas para consentir a tu perro* podrás elegir el platillo perfecto para mimar a tu mascota, como un estofado reconfortante para un día frío; un espagueti a la boloñesa para darle energía o una suave infusión para relajarlo cuando esté inquieto. También podrás premiarlo con bocadillos deliciosos y nutritivos, como unas galletas de verduras o hasta con un pastel de cumpleaños que podrá compartir con sus peludos amigos.

Las recetas de este libro son nutritivas y seguras para el disfrute de los perros; no obstante, tú mejor que nadie conoces a tu mascota. Si tu perro sufre intolerancias o alergias alimentarias o tiene algún tipo de enfermedad, asegúrate de consultar a su médico veterinario antes de ofrecerle alguna de las recetas; haz lo mismo, si después de darle alguna de las recetas notas algún síntoma o actitud anormal en tu mascota.

Los editores

Agradecimientos

Dedico esta obra a cada una de las personas que con su cariño incondicional me permiten entrar a sus hogares a vivir deliciosos momentos juntos, a través de mis libros, programas, postres, filipinas y eventos. Gracias

- a mi mamá María del Rayo Rojas por ser mi confidente y ayudarme a consolidar mis sueños.
- a mi padre Óscar Millán, por su gran ejemplo y por enseñarme que el éxito no es la meta, sino el camino, y hay que construirlo día con día.
- a mi hermano Daniel Millán por ser mi ángel en la tierra y salvarme la vida. A Adriana Poseros y Matías Millán por tanta nobleza.
- a Anabel y Sebastián Diego por su incondicional amor.
- a Roberto Daniel, por apoyarme a crear esta hermosa obra, pero sobre todo por ser mi brazo derecho y un gran pilar en mi carrera.
- a Vero Rico, Montserrat Estremo y a todo el equipo de Larousse, por confiar en mis locuras y apoyarme siempre, porque gracias a ellas esta obra es posible.
- a mis amigos, en los que he encontrado verdaderos hermanos: Margarita, Maite, Roberto, Velatronic, Trejo, Mau, Karla Christian y Luis Ravago.
- a Erika Haddad y a todo el Instituto Broyé por la confianza; Brisa González y Herón Rosales por su incondicionalidad y por hacer un gran equipo conmigo; a mis practicantes César Durán, Gerardo Reyes y Yessica Bautista por todo su esfuerzo y dedicación.
- a mi gran equipo, ya que sin ellos nada de esto hubiera sido posible: Liz Parroquín, Carolina López, Moni, Ravelo, J. Bermúdez, Paco Varela, Giuse, Jorge y Lety.
- Por último, a Charly Meier, la mente maestra, por cambiar sus alas por mis sueños. Gracias.

Iván Millán

Palabras de la veterinaria

Hoy en día el mundo ha tomado conciencia de la importancia de la nutrición en el bienestar y la salud, no sólo para las personas, sino también para las mascotas.

Debes saber que la salud de tu perro depende en gran parte de la alimentación, y que los ingredientes caseros pueden beneficiarle, pero de igual manera pueden afectarle severamente. Es por eso que cada una de las recetas de este libro están diseñadas por el chef Iván Millán y supervisadas por médicos veterinarios, para así poder consentir a tu mascota de una manera segura.

Para que tu perro disfrute estas deliciosas recetas, tienes que considerar que su dieta va en relación con la edad, condición corporal, estado de salud y otros factores, los cuales podrían restringir el consumo de algunos ingredientes. Toma en cuenta que hay perros que pueden ser alérgicos a algunos componentes, por lo que te recomiendo que cuando incorpores un nuevo elemento en su dieta, vigiles su comportamiento. (Si tienes dudas, consulta a tu médico veterinario.)

Estas increíbles recetas aportan grandes beneficios a tu mascota y una gran variedad de nutrientes, pero sobre todo, una explosión de sabores para su paladar.

No olvides que estas recetas no sustituyen una alimentación balanceada. Simplemente, son para consentir a tu mascota.

Liz Parroquín MVZ

Introducción

La salud de un perro, como la de un humano, está estrechamente ligada a su alimentación. Una buena nutrición reduce las posibilidades de sufrir ciertas enfermedades, además de fomentar el desarrollo óptimo de los sistemas del cuerpo.

Los principales fabricantes de alimentos para mascotas han creado fórmulas en forma de croquetas o de alimento húmedo, que incluyen en equilibrio todos los nutrientes (proteínas, lípidos, carbohidratos, aminoácidos, minerales y vitaminas) esenciales para la dieta de los perros. Asimismo, sus fórmulas y productos responden a las necesidades específicas de los canes; por ejemplo, su edad, tamaño, estado fisiológico y hasta su raza.

Las recetas de este libro tienen como finalidad consentir ocasionalmente a tu perro y no deben ser consideradas como sustituto de estos productos; asimismo, están pensadas para animales en buen estado de salud. Si tu perro padece alguna enfermedad o requiere de algún cuidado o alimentación específica, consulta antes a tu veterinario.

Antes de ofrecer alguna receta a tu mascota es necesario que verifiques cuál es la ración adecuada para ella en función de su tamaño y su edad; en el caso de las recetas de las secciones Especiales del chef y Especiales internacionales, puedes darle una ración una vez cada 15 días. Los premios (galletas, pasteles, helados) y las bebidas, al ser preparaciones más sencillas y con menos ingredientes, se pueden ofrecer como recompensa una vez a la semana; o bien, dos o tres veces a la semana en raciones más pequeñas. En total tu perro no deberá consumir más de 4 recetas por mes.

Alimentación humana *vs.* alimentación canina

El perro ha sido el animal de compañía predilecto de los humanos desde hace 10 000 años aproximadamente; esta convivencia ha hecho que los primeros se hayan familiarizado con las costumbres alimentarias de sus compañeros omnívoros, ya sea por necesidad o por placer. Sin embargo, evolutivamente, el aparato digestivo de los perros no se ha transformado en su totalidad y continúa siendo el de un animal carnívoro. Actualmente un perro doméstico puede digerir y asimilar algunos nutrientes a partir de cereales, a diferencia de su ancestro el lobo; pero esto no significa que su organismo se pueda desarrollar de manera óptima con base en una dieta rica en almidones y carbohidratos, pues va en contra de su naturaleza.

Lograr que una dieta canina exclusivamente casera resulte completa y equilibrada nutricionalmente es una tarea difícil, debido a que la alimentación, requerimientos y metabolismo de los perros son muy distintos a los de los humanos.

La mandíbula de los perros es la evidencia física más notable de sus diferencias y de su mayor necesidad de consumo de carne. La mandíbula canina, originalmente diseñada para facilitar la caza de sus presas, consta de 42 piezas dentales que permiten desgarrar carne y tejidos, así como triturar huesos; por el contrario, la dentadura humana está diseñada para masticar, lo que le facilita el consumo de productos vegetales. De hecho, cuando un perro come, traga su comida sin masticarla y el alimento llega al estómago en trozos grandes. Esto permite en cierta medida que algunos alimentos inadecuados para su dieta sean eliminados.

Desde el punto de vista digestivo, el organismo de los perros y los humanos funciona como el de cualquier mamífero; es decir, los alimentos son ingeridos por la boca y luego transformados en sus formas más básicas para poder ser absorbidos como nutrientes; sin embargo, en el caso de los mamíferos, cada sistema digestivo está adaptado a las necesidades nutrimentales específicas de cada animal. Por ejemplo, el organismo humano produce naturalmente, a través del páncreas y las glándulas salivares, amilasa: la enzima encargada de digerir los almidones presentes en los cereales y los tubérculos. Los canes por su parte, no producen amilasa, y por ello, no pueden predigerir este tipo de alimentos en la boca ni asimilar al máximo sus nutrientes; sin embargo, el pH del estómago canino es mucho más ácido que el humano, lo que les permite la digestión de huesos animales y la resistencia a ciertas bacterias nocivas que puedan haber sido ingeridas a través de la comida.

Nutrición canina

Diariamente, tanto los humanos como los perros, deben consumir los tres grupos de nutrientes básicos: proteínas, carbohidratos y grasas, pero en proporciones distintas. En general, la dieta de un ser humano adulto se compone de 60% de carbohidratos, 25% de lípidos y 15% de proteínas; mientras que la de un perro consiste en 60% de proteínas, 20% de carbohidratos y 20% de lípidos.

Proteínas: desempeñan un gran número de funciones metabólicas y reguladoras a nivel celular y forman parte de la estructura básica de tejidos corporales. En el caso de los perros, la ingesta de proteínas es indispensable. Sin embargo, existen etapas de desarrollo en las que su consumo es de vital importancia: durante la gestación y la lactancia, el desarrollo de los cachorros y en el caso de los animales que realizan actividades físicas importantes. Las proteínas se obtienen tanto de alimentos de origen animal (carne, pescado, lácteos, huevo), como de algunos vegetales (soya, lentejas).

- Aminoácidos. Los aminoácidos son necesarios para la formación de moléculas de proteína; los esenciales son aquellos que el organismo no puede producir y que se obtienen a través de la dieta; una deficiencia de éstos puede resultar peligroso al funcionamiento del organismo. Se les conoce como proteínas de alto valor biológico a aquellas que proporcionan un alto contenido de aminoácidos esenciales; se encuentran en alimentos como el huevo, las carnes y los pescados.

Lípidos: aportan energía y ácidos grasos esenciales. Su consumo es crucial para el desarrollo del cerebro y del sistema nervioso; son necesarios para absorber vitaminas liposolubles, y ayudan a mantener saludable la piel y el pelo de tu mascota. Los perros deben consumirlos en pequeñas cantidades, ya que en exceso causan obesidad. Los lípidos se obtienen de aceites vegetales y semillas oleaginosas.

- Ácidos grasos. Los ácidos grasos saturados de cadena corta proporcionan energía inmediata, útil para perros deportistas y cachorros. Los ácidos grasos poliinsaturados tienen funciones estructurales y desempeñan funciones esenciales que el organismo no puede sintetizar; un ejemplo de ellos son el omega 3 y omega 6. Los primeros son recomendables para perros deportistas, ancianos o con enfermedades inflamatorias, pues poseen efecto antiinflamatorio, oxigenan el cerebro y mejoran la capacidad de aprendizaje; mientras que los segundos, son esenciales para sintetizar unas moléculas de actividad hormonal llamadas prostaglandinas y contribuyen a mantener la salud de la piel y la calidad del pelo.

Carbohidratos: son una buena fuente de energía, vitaminas y minerales. Se obtienen de cereales, frutas y verduras, alimentos que aportan almidones y fibra. Los perros pueden sintetizar de manera autónoma su propia glucosa sanguínea a partir de las proteínas; por lo tanto, los azúcares simples como sacarosa, glucosa y lactosa se deben evitar, ya que no les representan ningún aporte nutricional, y a la larga les pueden provocar diarrea, diabetes u obesidad.

- Almidón. Para que un perro pueda digerir un alimento rico en almidones, como la papa o el arroz, éste debe estar muy bien cocido; de lo contrario, puede ocasionarle diarrea. Durante la digestión los almidones se degradan y se transforman en glucosa, y una vez que entran al torrente sanguíneo se convierten en una fuente de energía. Es importante recalcar que un exceso de almidones en tu mascota

puede provocarle, por un lado, que se sobrepase la capacidad enzimática y de digestión, causando diarrea; o bien, que el azúcar que no haya sido utilizado como energía se almacene en forma de grasa, lo que puede ocasionarle distintos tipos de afecciones a la salud, entre ellos obesidad y diabetes.

- Lactosa. La leche es una fuente importante de energía y nutrimentos para los cachorros, pero para digerir la lactosa de la leche se necesita una enzima digestiva, la lactasa, que los perros dejan de producir paulatinamente después del destete.
- Fibra. Ayuda al buen funcionamiento del sistema digestivo.
- Vitaminas y minerales. Son compuestos orgánicos esenciales para el funcionamiento correcto del organismo. Las vitaminas liposolubles: A, D, E y K requieren para su absorción que en el intestino se encuentren grasas. Las vitaminas hidrosolubles: C y complejo B, son solubles en agua y se eliminan continuamente por diversos fluidos. El complejo B agrupa a varias vitaminas relacionadas entre sí y con funciones similares. En general, las vitaminas ayudan en la metabolización a nivel celular de carbohidratos, lípidos y proteínas para convertirlos en energía.

Agua: ingrediente vital para la nutrición y bienestar de tu mascota. Tu perro debe tener siempre disponible agua fresca y limpia.

Alimentos contraindicados

Todas las recetas de este libro están elaboradas con ingredientes naturales y saludables que resultarán nutritivas e inocuas para tu perro, siempre y cuando sigas las indicaciones sobre la periodicidad y las raciones adecuadas. Sin embargo, existen algunos ingredientes que aunque no son peligrosos, le pueden causar molestias o algunas afecciones poco graves, como diarreas o gastritis. En el caso de los ingredientes que aparecen en la siguiente lista es recomendable que pongas atención especial en la cantidad que le ofreces a tu mascota y en las indicaciones específicas.

- Arándanos. Ofrécelos siempre frescos. Pueden causar gastritis y ulceración en perros con problemas gástricos. No se recomiendan para perros con sensibilidad estomacal.
- Avena. Ofrécela de preferencia cocida. Puede causar gastritis.
- Azúcar refinada. Los perros no pueden metabolizarla bien, por lo cual la almacenan en el organismo, agrandando la vesícula biliar; además, fomenta la acumulación de sarro dental.
- Cereales. En exceso causan displasias, artritis y artrosis, sobre todo en cachorros.
- Grasa y manteca. Consumidas en exceso pueden causar pancreatitis. (ver pág. 14).
- Hígado. Es un alimento rico en vitamina A. Se debe ofrecer con moderación, pues un exceso de esta vitamina afecta a sus músculos y huesos y puede provocar hemorragias.
- Huevo. Ofrécelo siempre cocido, pues crudo puede infectar al perro con *E. coli* o salmonella. Es potencialmente alergeno y puede causar problemas en la piel. Debido a su alto grado de grasa, los perros con sobrepeso deben consumirlo con muy poca frecuencia.
- Lácteos. Ofrece a tu mascota lácteos deslactosados. Los perros carecen de la enzima necesaria para digerirlos, por lo que les pueden ocasionar flatulencias, diarrea y vómito.
- Nueces, cacahuate y otras oleaginosas. Son una gran fuente de fósforo, que en exceso, puede provocarles problemas renales y cálculos en vesícula biliar.

- Pan. En exceso puede causar pancreatitis.
- Papa. Ofrécela siempre cocida y pelada. La cáscara contiene solanina, una sustancia orgánica que puede resultar tóxica.
- Pescado. Si se consume en exceso puede provocar deficiencia de tiamina y formar cálculos. Los perros pueden llegar a experimentar convulsiones e incluso pueden morir.

- Ajo, cebolla y cebollín. Contienen tiosulfato que provoca anemia hemolítica, siendo altamente tóxico. También, pueden provocar diarrea, vómito, orina y evacuaciones con sangre.
- Alcohol. Tiene los mismos efectos que en el organismo humano; sin embargo, éstos se potencian debido al menor tamaño de los canes y a que su metabolismo es más rápido. Puede causar nerviosismo y descensos en el azúcar, la presión arterial y la temperatura corporal. Los postres que contengan alcohol o las masas fermentadas pueden causar los mismos síntomas.
- Chocolate, café, té, refresco de cola, cacao. Estos alimentos no son recomendables para tu mascota; contienen teobromina, teofilina y cafeína, que funcionan como estimulantes cardiacos y diuréticos. Dependiendo de la dosis pueden causar en los perros diarrea, vómito, hiperactividad y convulsiones. En dosis muy elevadas: 100 a 200 miligramos por kilogramo de peso, pueden ser causa de un paro cardiaco.
- Huesos de pollo o conejo. Al roerlos pueden astillarse y perforar el intestino o causar asfixia. Si decides darle huesos, éstos deben ser grandes, de res o cerdo.
- Semillas de fruta. Retira siempre las semillas de frutas como manzanas, peras, ciruelas y duraznos, ya que al ser consumidas producen cianuro en el organismo y pueden llegar a ser fatales para tu mascota; asimismo, las semillas grandes pueden causar obstrucción en el intestino o en el esófago y causar asfixia.

- Plátano. Puede resultar indigesto para las mascotas; la porción adecuada es de ¼ de plátano Tabasco por cada 10 kilogramos de peso.
- Uva, pasa y derivados. Pueden provocar vómito, diarrea, dolor abdominal, deshidratación, temblores y causar problemas hepáticos o renales.
- Sal. Ayuda al mantenimiento de los líquidos corporales y es necesaria para el funcionamiento de distintos órganos del sistema nervioso. Debe administrarse de forma moderada pues, en cantidades excesivas, puede elevar la presión sanguínea y causar problemas renales. La dosis letal para un perro es de 4 gramos por kilogramo de peso.
- Salmón. Congelar antes de cocinarlo. Puede contener bacterias conocidas como rickettsias y enfermar al perro.

Evita ofrecer a tu mascota los siguientes alimentos

- Aguacate. Contiene persin, una toxina que resulta inocua para los humanos, pero que a los perros puede causarles diarrea, vómito y congestión cardiaca.

Raciones

Los requerimientos alimentarios de un perro, como los de un humano, varían en función de su talla, edad y estado fisiológico; así como de etapas de desarrollo específicas, como la gestación o la lactancia, e incluso pueden variar en función de la raza.

- La ración de alimento diaria para un perro adulto debe ser entre 2 y 3% del total de su peso y distribuirse en dos tomas a lo largo del día. Por ejemplo, si tu perro adulto pesa 25 kilos, su ración diaria de alimento es de 500 a 750 gramos; por tanto, deberás ofrecerle una toma por la mañana de 250-375 gramos y otra por la noche de la misma cantidad.
- La ración de alimento para un cachorro debe ser 10% del total de su peso y debe distribuirse en tres tomas. Si tu perro es un cachorro de 3 kilos, su ración diaria es de 300 gramos; es decir, 100 gramos tres veces al día.

Debido a que las recetas de este libro deben ser consumidas ocasionalmente a modo de premio o para consentir a tu perro, no tienen un efecto contundente en la nutrición general de tu mascota. Sin embargo, te recomendamos que tomes en cuenta, en la medida de lo posible, las raciones de alimento que te proponemos a continuación:

El día que quieras consentir a tu mascota con alguna deliciosa receta, puedes combinarla, o no, con su alimento diario (croquetas o alimento húmedo) respetando siempre la ración diaria recomendada. Por ejemplo, si tu perro es un adulto que debe consumir 450 gramos de alimento diariamente, puedes ofrecerle en la mañana 225 gramos de croquetas y en la tarde una porción de 225 g de la receta de tu preferencia; o bien, repartir los 450 gramos de la receta en las dos tomas diarias.

Las recetas de bebidas deben ofrecerse en una proporción de entre 10 y 15 mililitros por cada kilogramo de peso, distribuidas en dos tomas al día.

RACIÓN PROMEDIO DE ALIMENTO QUE UN PERRO ADULTO DEBE CONSUMIR DIARIAMENTE	
Peso en kilogramos	Ración de alimento en gramos
1-5	75
6-10	200
11-15	325
16-20	450
21-25	575
26-30	700
31-35	825
36-40	950
41-45	1075
+46	1150

Requerimientos específicos

Los perros mayores requieren menos energía que los adultos o jóvenes y con el paso del tiempo su apetito disminuye. Si es el caso, procura alimentar a tu mascota con comida especial para perros geriátricos con la cual obtendrá los nutrientes necesarios para su bienestar en una ingesta energética reducida. Cuando lo consientas con alguna de las recetas de este libro, asegúrate de darle una que él encuentre apetecible y que pueda digerir fácilmente.

Por su parte, las perras preñadas requieren poca comida adicional durante los primeros dos tercios del periodo de gestación, pues los fetos no crecen mucho durante esta etapa. Posteriormente, durante el último tercio de la gestación, puedes incrementar su ingesta energética hasta 15% cada semana.

La cantidad de aceite que se debe utilizar en la preparación de algunas recetas varía en función de la talla del perro. En las recetas en las que no se indica una cantidad específica de aceite, utiliza siempre la tabla que se muestra a continuación para saber cuánto aceite debes utilizar. (No aplica en las recetas que solicitan aceite en aerosol.)

PESO DEL PERRO	CANTIDAD DE ACEITE
10 kg o menos	½ cucharada
11-30 kg	1 cucharada
31 kg o más	1½ cucharadas

Alergias

Algunos perros son alérgicos a ciertos alimentos, sobre todo a proteínas y a ácidos grasos, como la carne de res, el huevo y los lácteos. Si conoces a qué alimento es alérgico tu perro, asegúrate de no ofrecerle ninguna receta que incluya ese ingrediente. Asimismo, si tu perro tiene reacciones alérgicas a algún alimento, sin importar cual sea éste, te recomendamos que evites ofrecerle las recetas marcadas como no aptas para perros con alergias y que consultes a su veterinario acerca del resto de las recetas. Una mascota alérgica a cualquier alimento tiene mayor probabilidad de presentar una alergia a los ingredientes mencionados y a sus derivados.

Sin importar si tu mascota ha presentado o no alguna alergia, cuando ofrezcas por primera vez a tu perro alguna de las recetas debes estar muy atento a cualquier síntoma de intolerancia o alergia: inflamación facial, ronchas, enrojecimiento, picazón, fatiga, vómito, diarrea, estornudos o tos. Si notas algún comportamiento o reacción extraña consulta inmediatamente a tu veterinario.

Antes de comenzar a cocinar:

- Lava y desinfecta frutas y verduras.
- Retira siempre las semillas de las frutas.
- Conserva la cáscara de las zanahorias y las manzanas.
- Pela siempre las papas.
- Cuece las verduras y las carnes sin sal y no añadas sal a la recetas.
- Cuece bien los cereales y las pastas; estas últimas no deben estar cocidas al dente.
- Utiliza siempre carne y alimentos frescos y de calidad.
- Si utilizas productos enlatados o embotellados procura que sean de la mejor calidad, de preferencia orgánicos y libres de conservadores.

Simbología

⚠ Receta no apta para perros con alergias

☯ Receta no apta para perros con problemas gastrointestinales

🗎 Información nutricional

📓 Nota

🐾 Variante

Sumario

Especiales del chef

❧ 🐾 ❧

Ofrece una porción 1 vez cada 15 días

Albóndigas
con manzana

Ingredientes para 20 albóndigas de 30 g

200 g de carne molida de pechuga de pollo
2 tazas (200 g) de croquetas molidas
2 tazas (200 g) de arroz hervido o cocido al vapor
1 huevo
1 manzana descorazonada cortada en cubos
1 frasco de 170 g de papilla para bebé de manzana,
de preferencia orgánica o sin conservadores

1 Mezcla en un tazón la carne molida de pollo con las croquetas molidas, el arroz y el huevo. Forma 20 albóndigas pequeñas con la preparación obtenida.

2 Pon sobre el fuego una olla con las albóndigas y cúbrelas con agua. Hiérvelas durante 15 minutos o hasta que estén bien cocidas del centro. Escúrrelas y déjalas enfriar.

3 Sirve en un tazón la porción de albóndigas adecuada para tu perro y distribúyeles encima cubos y puré de manzana.

Caldo aromático
de acelga y cordero

Ingredientes para 900 g

cantidad suficiente de aceite de oliva (ver pág. 14)
300 g de carne de cordero cortada en cubos
¾ de taza de caldo de pollo sin sal
2 ramas de romero
1 hoja de laurel
6 hojas de acelga (200 g) troceadas
1 taza (50 g) de germinado de soya
3 tazas (300 g) de arroz hervido o cocido al vapor
1 huevo duro

1 Pon sobre el fuego una cacerola con el aceite; cuando se caliente, saltea los cubos de cordero hasta que se doren ligeramente. Vierte el caldo de pollo.

2 Ata con hilo cáñamo las ramas de romero con la hoja de laurel y añádelas a la cacerola. Cuando el caldo hierva, retira la cacerola del fuego y desecha las hierbas aromáticas. Agrega las acelgas troceadas, el germinado de soya y el arroz. Tapa la cacerola y deja entibiar la preparación.

3 Sirve la porción adecuada para tu perro en su tazón y decórala con ¼ o ½ huevo duro.

Las acelgas fortalecen el sistema inmunológico de los perros protegiendo a su organismo de agentes nocivos externos, sobre todo durante el invierno; asimismo, ayudan a revitalizar su pelo, piel y uñas. Por su alto contenido en agua son diuréticas, además de disminuir el estreñimiento y problemas de cálculos renales.
Las acelgas son ricas en vitamina C, la cual tiene propiedades antioxidantes y favorece la absorción de hierro; por tanto, previene la anemia. Asimismo, es rica en minerales, como potasio, magnesio, yodo, sodio, hierro y calcio.

Ensalada
de jamón con verduras

Ingredientes para 480 g

1 papa mediana pelada
1 zanahoria mediana
6 hojas de acelgas (200 g) con tallo
5 rebanadas (200 g) de jamón de pierna
½ taza (25 g) de col blanca fileteada
cantidad suficiente de aceite de maíz (ver pág. 14)

1 Corta la papa y la zanahoria en cubos y corta en tiras delgadas las acelgas y el jamón.

2 Pon sobre el fuego una olla con suficiente agua; cuando hierva, añade los cubos de papa y de zanahoria y la col fileteada. Cuece las verduras durante 8 minutos; añade las acelgas y continúa la cocción durante un par de minutos más. Escurre las verduras y déjalas enfriar.

3 Mezcla las verduras cocidas con las tiras de jamón y el aceite. Sirve a tu perro la porción adecuada en su tazón.

Estofado
campestre

Ingredientes para 380 g

cantidad suficiente de aceite (ver pág. 14)
200 g de falda de ternera cortada en cubos
2 zanahorias cortadas en bastones
1 taza (140 g) de chícharos cocidos, congelados o en conserva, drenados
½ taza (50 g) de espárragos cortados en cuartos
2 salchichas de pavo (80 g) rebanadas

1 Pon sobre el fuego una cacerola con aceite; cuando se caliente, saltea los cubos de ternera hasta que se doren ligeramente por todos sus lados. Añade los bastones de zanahoria, los chícharos y los espárragos; cubre los ingredientes con agua y deja que la preparación se cueza hasta que la carne esté suave. Retírala del fuego y déjala enfriar.

2 Incorpora las salchichas rebanadas al estofado y sirve a tu mascota la porción adecuada.

Estofado
de otoño

Ingredientes para 800 g

cantidad suficiente de aceite (ver pág. 14)
200 g de carne de ternera cortada en cubos
2½ tazas (200 g) de apio picado
1 zanahoria picada
1½ tazas (200 g) de cubos de calabacita
1 taza de caldo de pollo sin sal
2 tazas (200 g) de arroz hervido o cocido al vapor

1 Pon sobre el fuego una cacerola con aceite; cuando se caliente, saltea los cubos de ternera con el apio y la zanahoria picados hasta que la carne se dore ligeramente por todos sus lados. Añade los cubos de calabacita y el caldo de pollo y deja que la preparación se cueza hasta que la carne esté suave. Retira el estofado del fuego y déjalo entibiar.

2 Incorpora el arroz al estofado y sirve a tu mascota la porción adecuada.

 El apio es una excelente fuente de potasio y fibra, rico en vitaminas A, C, K y B y otros minerales.

Las zanahorias son muy ricas en vitamina A, la cual ayuda a fortalecer el sistema inmunológico y a mantener saludables piel, dientes, huesos y vista.

Hígado
y pollo primavera

Ingredientes para 900 g

1 zanahoria
1 taza (100 g) de arroz integral hervido o cocido al vapor
2 cucharadas de perejil picado
cantidad suficiente de aceite (ver pág. 14)
1 pechuga de pollo sin piel, cortada en cubos pequeños
1 taza (140 g) de chícharos cocidos, congelados o en conserva, drenados
250 g de hígados de pollo

1 Cuece la zanahoria en una cacerola con agua hirviendo hasta que esté suave. Escúrrela y déjala enfriar. Corta la zanahoria en cubos pequeños y mézclalos con el arroz y el perejil picado.

2 Pon sobre el fuego un sartén con aceite; cuando se caliente, saltea los cubos de pollo hasta que estén bien cocidos; añade los chícharos y mezcla. Transfiere la preparación a un tazón e incorpora la mezcla de arroz con zanahoria y perejil. Reserva.

3 Agrega un poco más de aceite al sartén y cocina los hígados de pollo hasta que estén cocidos. Añádelos a la mezcla de pollo y arroz.

4 Sirve tibia o fría la porción adecuada para tu perro.

 Evita sobrecocer los hígados de pollo para que no pierdan nutrientes.

Huevo revuelto
con espárragos

Ingredientes para 150 g

⅓ de taza (30 g) de espárragos cortados en cuartos
½ cucharadita de aceite
½ rebanada (10 g) de jamón bajo en grasa, troceada
¼ de taza (20 g) de pasta corta cocida
2 huevos

1 Cuece los espárragos en una olla con suficiente agua hirviendo durante 3 minutos. Escúrrelos y resérvalos.

2 Pon sobre el fuego un sartén antiadherente con el aceite; cuando se caliente, saltea los trozos de jamón con los espárragos durante un par de minutos. Añade la pasta corta y mezcla.

3 Agrega los huevos a la preparación y mézclalos hasta que se cuezan. Retira del fuego y deja entibiar.

4 Sirve en un plato la porción adecuada para tu mascota.

Macarrones
con pollo y huevo

Ingredientes para 220 g

1 taza (100 g) de macarrones
2 huevos
1 cucharadita de aceite

100 g de pechuga de pollo sin hueso ni piel, cortada en fajitas
1 cucharada (10 g) de queso parmesano rallado

1. Cuece los macarrones en una olla con agua hirviendo durante 10 minutos o hasta que estén bien cocidos; escúrrelos y resérvalos.

2. Fríe los huevos en un sartén antiadherente con el aceite; resérvalos. Añade las fajitas de pollo al sartén y saltéalas hasta que estén bien cocidas.

3. Mezcla en un recipiente los macarrones con las fajitas de pollo y el queso parmesano rallado.

4. Sirve en un plato los macarrones con pollo y coloca encima los huevos estrellados. Toma en cuenta la ración que requiere tu mascota.

 Sustituye el pollo por la misma cantidad de sardinas enlatadas.

 El consumo de huevo crudo no es recomendable; se debe evitar a toda costa en perros con cáncer, infecciones u otros problemas graves de salud, debido a que su sistema inmunológico puede estar debilitado y por tanto generar enfermedades secundarias.

 El huevo es una excelente fuente de proteína animal, indispensable en la dieta de los perros. Los ácidos grasos que contiene ofrecen numerosos beneficios para la salud, incluyendo una mejora en la salud de la piel y el pelaje.

Pasta
para canes

Ingredientes para 750 g

1 taza (100 g) de floretes de brócoli
200 g de espagueti o de tallarines
385 g de comida de salmón
para perro, enlatada

¼ de taza (50 g) de queso mascarpone
cantidad suficiente de leche
deslactosada light

1 Pon sobre el fuego una olla con suficiente agua; cuando hierva, agrega los floretes de brócoli y cuécelos durante 3 minutos o hasta que estén suaves. Sácalos del agua con una espumadera y sumérgelos en un tazón con agua y hielos. Escúrrelos y resérvalos.

2 Deja hervir nuevamente el agua de cocción del brócoli y cuece en ella el espagueti o los tallarines durante 10 minutos o hasta que esté suave. Escúrrelo y enfríalo con el chorro de agua fría.

3 Licua la comida para perro con el queso mascarpone hasta obtener una preparación tersa y homogénea; en caso de ser necesario, añade un poco de leche.

4 Mezcla el espagueti con los floretes de brócoli y la salsa de queso. Sirve a tu perro la porción adecuada en su tazón.

 Antes de ofrecer a tu perro una receta que incluya brócoli, dale una pequeña porción de esta verdura cocida y supervisa durante el día si le causa flatulencias o diarreas; si estos síntomas no ocurren significa que tu perro digiere correctamente el brócoli y puedes dárselo sin problema. Sin embargo, si tu mascota sufre de hipotiroidismo o tiene problemas digestivos o renales, evita dárselo.

El brócoli es una gran fuente de vitaminas C, K y E; minerales, como calcio y hierro; fibra y betacarotenos con propiedades antioxidantes.

Pescado
con verduras

Ingredientes para 140 g

⅔ de taza (100 g) de arroz, remojado en agua durante 1 noche y escurrido
2 tazas de agua
4 hojas de acelga (140 g) con tallo
1 papa mediana pelada y cortada en cubos
200 g de trozos grandes de merluza sin piel ni espinas
cantidad suficiente de aceite de maíz (ver pág. 14)
2 hojas de perejil

1   Pon sobre el fuego una olla con el arroz y el agua; cuando ésta hierva, baja el fuego, tapa la olla y deja cocer el arroz durante 15 minutos o hasta que esté suave; deberás obtener un arroz ligeramente caldoso. Retíralo del fuego y déjalo enfriar.

2   Separa los tallos de las hojas de acelga y pícalos por separado.

3   Coloca en una cacerola los cubos de papa con los tallos de acelga picados y cúbrelos con suficiente agua. Pon la olla sobre el fuego y hierve durante 15 minutos. Añade las hojas de acelga picadas y los trozos de merluza; si es necesario añade un poco más de agua y continúa la cocción durante 10 minutos más o hasta que el pescado esté bien cocido. Retira la preparación del fuego, escúrrele el líquido excedente y déjala enfriar.

4   Mezcla la preparación de verduras y pescado con el arroz, el aceite de maíz y las hojas de perejil. Sirve a tu mascota la porción adecuada en su tazón.

Pollo
con arroz

Ingredientes para 300 g

¾ de taza (125 g) de arroz, remojado en agua durante 1 noche y escurrido
2 tazas de agua
1 zanahoria cortada en cubos o 6 zanahorias *baby*
cantidad suficiente de aceite en aerosol
200 g de pechuga de pollo aplanada

1. Pon sobre el fuego una olla con el arroz y el agua; cuando ésta hierva, baja el fuego, tapa la olla y deja cocer el arroz durante 10 minutos. Agrega los cubos de zanahoria o las zanahorias *baby* y continúa la cocción durante 5 minutos más o hasta que el arroz y la zanahoria estén suaves; deberás obtener un arroz ligeramente caldoso. Retíralo del fuego y déjalo entibiar.

2. Rocía un sartén antiadherente con un poco de aceite en aerosol y colócalo sobre el fuego; cuando se caliente, asa la pechuga de pollo por ambos lados hasta que esté bien cocida. Retírala del fuego, déjala entibiar y córtala en trozos.

3. Mezcla el arroz con zanahoria con los trozos de pollo. Sirve a tu perro la porción adecuada.

Papilla
de verduras

Ingredientes para 300 g

1 zanahoria cortada en cubos
1 calabacita cortada en cubos
2 tazas (200 g) de arroz hervido o cocido al vapor
⅓ de taza (50 g) de tofu suave

1 Pon sobre el fuego una olla con suficiente agua para cocer las verduras; cuando hierva, agrega los cubos de zanahoria y de calabaza y cuécelos durante 8 minutos o hasta que estén suaves. Escúrrelos y déjalos entibiar.

2 Muele en un procesador de alimentos las verduras cocidas con el arroz y el tofu hasta que obtengas una preparación homogénea y tersa; si es necesario, añade un poco del agua de cocción de las verduras. Sirve a tu mascota la porción adecuada en su tazón.

 Sustituye las verduras por 100 gramos de lentejas cocidas.

Rollo
de atún

Ingredientes para 220 g

1 rama de apio picada
1 zanahoria grande picada
4 cucharadas (60 g) de queso *cottage*
1 cucharadita de jugo de limón
cantidad suficiente de aceite de oliva (ver pág. 14)
130 g de atún conservado en agua, drenado

1 Muele en un procesador de alimentos las verduras picadas con el queso, el jugo de limón y el aceite hasta obtener una pasta de consistencia tersa. Transfiere la preparación a un tazón e incorpórale el atún drenado.

2 Coloca la preparación sobre un trozo de plástico autoadherente y extiéndela ligeramente a lo largo con una espátula. Dale forma de rollo con el plástico y cierra los costados, como si fuera un caramelo, para obtener un rollo firme.

3 Refrigera el rollo hasta que se endurezca; córtalo en rodajas y retírales el plástico antes de servirlas.

Sopa
de pollo

Ingredientes para 800 g

2 tazas de agua
½ pechuga de pollo sin hueso ni piel, cortada en cubos
1 camote naranja chico, pelado y cortado en cubos
3 cucharadas (30 g) de arroz
2 zanahorias cortadas en rodajas
½ taza (50 g) de espárragos cortados en cuartos
5 hojas de hierbabuena picadas

1 Pon sobre el fuego una olla con el agua y los cubos de pollo y de camote. Hierve durante 20 minutos o hasta que el pollo esté bien cocido. Agrega el arroz, las rodajas de zanahoria y los trozos de espárrago, y continúa la cocción hasta que el arroz esté bien cocido. Retira la olla del fuego y deja entibiar.

2 Sirve a tu perro la porción adecuada en su tazón y espolvoréale encima la hierbabuena picada.

 La hierbabuena mejora el aliento de los perros.

 El pollo es un alimento rico en vitamina B$_2$; ésta contribuye a la buena salud y elasticidad de la piel y refuerza el sistema inmunológico. El caldo de pollo es rico en triptófano, un aminoácido con propiedades antidepresivas, que ayudará a mantener contenta a tu mascota.

Ternera
con pasta

Ingredientes para 240 g

½ taza (50 g) cubos de papa pelada
150 g de cubos de carne de ternera
1 taza (100 g) de pasta corta de su elección

1   Coloca sobre el fuego una olla con los cubos de papa y de carne; cúbrelos con agua y déjalos hervir hasta que ambos estén suaves.

2   Cuece la pasta en otra olla con agua hirviendo durante 10 minutos o hasta que esté suave; escúrrela y refréscala con el chorro de agua fría.

3   Mezcla en un tazón la pasta con los cubos de papa y de carne y un poco de su caldo de cocción; deja entibiar antes de servir a tu perro la porción adecuada.

Esta preparación se puede complementar con 100 gramos de pechuga de pollo deshebrada.

Especiales de la cocina internacional

Ofrece una porción 1 vez cada 15 días

Crepas
de requesón

● ◉ ●

Ingredientes para 8 crepas rellenas de 40 g c/u

1 plátano
¾ de taza (150 g) de requesón
1½ tazas (150 g) de arroz hervido o cocido al vapor
2 huevos
1 taza de leche deslactosada light
1 taza (130 g) de harina de trigo integral
cantidad suficiente de aceite en aerosol
1 huevo cocido, rallado o picado

1. Corta el plátano en rebanadas y aplástalas con un tenedor para obtener un puré. Mézclalo con el requesón y el arroz y resérvalo en refrigeración.

2. Bate en un tazón los huevos con la leche e incorpora poco a poco la harina de trigo integral hasta obtener una mezcla homogénea.

3. Pon sobre el fuego un sartén antiadherente; cuando se caliente, rocíalo con un poco de aceite en aerosol y vierte un poco de la mezcla para crepas; inclina ligeramente el sartén y gíralo para que la mezcla cubra toda la superficie del sartén. Cuece la crepa entre 2 y 3 minutos, dale la vuelta y deja que se cueza por el lado contrario durante 1 minuto más. Retira la crepa del sartén y repite el procedimiento 7 veces más con la mezcla restante.

4. Distribuye el relleno de requesón en el centro de las crepas, dóblalas en cuatro y espolvoréales el huevo rallado o picado. Sirve a tu mascota la porción adecuada en su tazón.

Ensalada rusa

Ingredientes para 450 g

200 g de pechuga de pollo sin hueso ni piel
½ taza (50 g) de cubos de camote naranja
¼ de taza (30 g) de cubos de zanahoria
¼ de taza (8 g) de perejil picado
½ taza (125 g) de yogur natural sin azúcar

1 Pon sobre el fuego una cacerola con la cantidad suficiente de agua para cubrir la pechuga de pollo; cuando hierva, añade la pechuga y hiérvela durante 20 minutos o hasta que esté bien cocida. Saca la pechuga y déjala enfriar.

2 Hierve los cubos de camote y de zanahoria en el líquido de cocción del pollo hasta que estén suaves. Escúrrelos y déjalos enfriar.

3 Corta la pechuga de pollo en cubos y mézclalos en un tazón con los de camote y zanahoria, el perejil picado y el yogur. Sirve a tu perro la porción adecuada en su tazón.

Espagueti
a la boloñesa

Ingredientes para 440 g

150 g de espagueti
250 g de carne molida de pechuga de pollo
¼ de taza (20 g) de avena
1 huevo
1 calabacita rallada
10 hojas de albahaca picadas
cantidad suficiente de aceite en aerosol
⅔ de taza (150 g) de salsa de tomate comercial,
de preferencia orgánica o sin conservadores

1 Cuece el espagueti en una olla con agua hirviendo durante 10 minutos o hasta que esté suave; escúrrelo y resérvalo.

2 Mezcla en un tazón la carne molida de pollo con la avena, el huevo, la calabacita rallada y la albahaca picada y forma esferas con esta preparación.

3 Pon sobre el fuego un sartén; cuando se caliente, rocíalo con aceite en aerosol y cocina las esferas, moviéndolas ocasionalmente, hasta que se doren por todos sus lados y estén bien cocidas por dentro. Agrega la salsa de tomate; mezcla y deja hervir. Retira la preparación del fuego y déjala entibiar.

4 Incorpora el espagueti a la salsa con las albóndigas. Sirve a tu perro la porción adecuada en su tazón.

Lasaña
de ternera

Ingredientes para 420 g

4 láminas de pasta para lasaña
200 g de carne molida de ternera
¼ de taza (50 g) de puré de tomate, de preferencia orgánico o sin conservadores
½ taza (125 g) de yogur natural sin azúcar
⅔ de taza (100 g) de queso mozzarella seco, rallado

1 Cuece las láminas de pasta en un sartén con suficiente agua hirviendo durante 15 minutos o hasta que estén suaves. Escúrrelas y resérvalas sin encimarlas.

2 Pon sobre el fuego un sartén antiadherente; cuando se caliente, añade la carne molida y cocínala, moviéndola ocasionalmente hasta que se dore ligeramente. Agrega el puré de tomate, mezcla y retira el sartén del fuego.

3 Precalienta el horno a 180 °C.

4 Cubre la base de un refractario o de un molde pequeño con una de las láminas de pasta, distribuye encima ¼ del yogur, ⅓ de la mezcla de carne y ¼ del queso mozzarella; cubre con otra lámina de pasta. Repite el procedimiento dos veces más y cubre la última lámina de pasta con el yogur y el queso restantes.

5 Hornea la lasaña durante 15 minutos. Déjala entibiar y sirve a tu perro la porción adecuada en su tazón.

Si utilizas láminas para lasaña precocidas, omite el paso 1.

Omelette
de jamón y queso

Ingredientes para 1 omelette de 80 g

1 huevo
1 cucharada de leche deslactosada light
2 cucharadas (20 g) de cubos de queso panela bajo en grasa
¼ de taza (40 g) de cubos de jamón de pavo

1 Bate en un tazón el huevo con la leche.

2 Pon sobre fuego medio un sartén antiadherente; cuando se caliente, añade la mezcla de huevo y leche. Mézclala ligeramente con una pala y deja que la preparación se cueza entre 2 y 3 minutos o hasta que el huevo se haya cuajado.

3 Distribuye encima de la tortilla de huevo los cubos de queso y de jamón. Dobla la tortilla por la mitad sobre sí misma. Sirve tibia o fría la porción de *omelette* adecuada para tu perro.

Pizza dog

Ingredientes para 2 pizzas de 110 g

100 g de carne molida de ternera
1 jitomate cortado en rodajas
2 panes pita chicos
⅓ de taza (50 g) de queso mozzarella seco, rallado
10 hojas de perejil picadas

1 Pon sobre el fuego un sartén antiadherente con la carne molida y cuécela, moviéndola ocasionalmente hasta que se dore ligeramente. Retírala del fuego y déjala enfriar.

2 Precalienta el horno a 180 °C.

3 Distribuye sobre los panes pita las rodajas de jitomate, la carne y el queso mozzarella. Coloca los panes en una charola para hornear y hornéalos durante 10 minutos. Retira las pizzas del horno y déjalas enfriar.

4 Sirve a tu perro la porción de pizza adecuada, espolvoreada con el perejil picado.

Sopa griega

Ingredientes para 760 g

250 g de corazones de pollo cortados en cubos pequeños
1¼ tazas (175 g) de chayote pelado, sin semilla y cortado en cubos
4 tazas de agua
4 hojas (100 g) de col china
3 hojas de acelga (100 g) con tallo
2¼ tazas (175 g) de zanahoria rallada

1 Pon sobre el fuego una olla con los cubos de corazones de pollo y de chayote y el agua. Hierve durante 20 minutos.

2 Corta la col china y las acelgas en tiras delgadas e incorpóralas a la preparación junto con la zanahoria rallada. Déjala hervir nuevamente durante 10 minutos más. Retírala del fuego y déjala entibiar.

3 Sirve a tu perro la porción adecuada en su tazón.

 No sirvas esta sopa a cachorros.

Sushi dog

Ingredientes para 3 rollos de 200 g

2½ tazas (250 g) de arroz hervido o cocido al vapor
3 mitades de alga nori
160 g de comida de salmón para perro, enlatada
la pulpa de 1 mango cortada en tiras
1 zanahoria cortada en tiras delgadas
1 taza (100 g) de croquetas molidas

1 Moja las yemas de tus dedos con un poco de agua y extiende ⅓ del arroz sobre una esterilla o tapete para sushi (*makisu*) hasta obtener un rectángulo delgado. Coloca encima 1 mitad de alga nori y distribuye encima de ésta ⅓ de la comida para perro, de las tiras de mango y de la zanahoria.

2 Para formar el sushi, levanta un poco el tapete por la orilla donde se encuentra el relleno y dóblalo hacia el centro de sí mismo para encerrar el relleno con la hoja de alga nori y el arroz; presiona bien por todo el borde del tapete y repite la operación dos veces más para obtener un rollo firme.

3 Repite los pasos 1 y 2 para obtener dos rollos más. Empaniza los rollos que desees con las croquetas molidas. Sumerge en agua fría un cuchillo con buen filo y corta cada rollo en 8 rebanadas. Sirve la porción adecuada para tu mascota.

Para obtener un rollo con el alga nori por fuera, coloca ésta sobre la esterilla y luego agrega encima la cama de arroz. En este caso no podrás empanizar el rollo con croquetas molidas.

Tortilla española
con hígados

Ingredientes para 4 porciones de 100 g

1 taza de pan seco, troceado
½ taza de agua
6 huevos
las hojas de ½ rama de romero picadas
200 g de hígados de pollo
cantidad suficiente de aceite en aerosol

1 Coloca en un tazón el pan seco con el agua y déjalo reposar hasta que absorba toda el agua.

2 Bate en un tazón los huevos con el romero picado.

3 Corta los hígados en trozos pequeños e incorpóralos a la mezcla de huevo. Deshaz el pan con las manos y agrégalo a la mezcla.

4 Pon sobre fuego medio un sartén antiadherente y rocíalo con un poco de aceite en aerosol. Vierte la mezcla de huevo, tápala y déjala cocer durante 10 minutos o hasta que la superficie se haya cuajado casi por completo; dale la vuelta a la tortilla y continúa la cocción por 5 minutos más. Retírala del fuego y déjala entibiar.

5 Corta la tortilla en 4 porciones y sirve a tu mascota la ración adecuada en su tazón.

 El hígado es rico en omega 3, hierro, zinc y potasio, además de ser un buen estimulante de la digestión.

Galletas y bocadillos

Ofrece una porción 1 vez a la semana

Bocadillos
de atún

Ingredientes para 320 g

260 g (2 latas) de atún conservado en agua, drenado

1 huevo

1 Precalienta el horno a 120 °C.

2 Bate el huevo en un tazón y mézclalo con el atún drenado; deberás obtener una especie de masa.

3 Distribuye la mezcla en moldes cuadrados pequeños y presiónala ligeramente. Hornea los bocadillos durante 10 minutos; retíralos del horno y déjalos enfriar antes de ofrecerlos a tu mascota.

Procura ofrecer a tu perro atún enlatado únicamente como un gusto ocasional. El atún posee un alto contenido de mercurio en comparación con muchos otros peces; asimismo, el atún enlatado contiene altos niveles de sodio y cuando éste se consume en exceso, puede provocar pancreatitis y enfermedades renales.

El atún es una fuente magra de proteína, rica en minerales, como selenio, fósforo, potasio y magnesio; así como de vitaminas B_3, B_6 y B_{12}; contiene ácidos grasos omega 3 que promueven la salud del corazón.

Bocadillos
de verdura

Ingredientes para 12 bocadillos de 40 g

1 taza (130 g) de harina de trigo integral
¾ de taza (50 g) de avena hervida, escurrida
⅓ de taza (50 g) de semillas de girasol peladas, sin sal
½ taza (50 g) de calabacita rallada
1¼ tazas (100 g) de zanahoria rallada
½ taza (50 g) de brócoli picado
1 huevo
3 cucharadas de aceite de oliva
½ taza (125 g) de yogur natural sin azúcar

1 Precalienta el horno a 170 °C. Cubre una charola para hornear con papel siliconado.

2 Mezcla en un tazón la harina de trigo con la avena y las semillas de girasol. Añade la calabacita y zanahoria ralladas y el brócoli picado; mezcla bien. Incorpora finalmente el huevo, el aceite de oliva y el yogur natural; mezcla hasta que obtengas una masa homogénea.

3 Distribuye la mezcla sobre la charola, formando 12 bocadillos con una cuchara para helados y dejando un poco de espacio entre ellos. Hornéalos durante 20 minutos; retíralos del horno y déjalos enfriar antes de ofrecerlos a tu mascota.

Carnazas

Ingredientes para 16 tiras de 50 g

1 kg de pechuga de pollo, sin hueso ni piel

1 Precalienta el horno a 90 °C. Pon una rejilla sobre una charola para hornear.

2 Corta la pechuga de pollo en tiras delgadas y colócalas sobre la rejilla.

3 Hornéalas, girándolas a la mitad de la cocción, durante 3 horas o hasta que estén secas.

 Sustituye la pechuga de pollo por la misma cantidad de alguna proteína animal; por ejemplo, bistecs de res o de ternera, o hígado de res o de ternera fresco.

Ofrecer a tu perro una carnaza ocasionalmente, puede ayudarle a prevenir la aparición de sarro dental; además, a los cachorros les ayuda a disminuir la ansiedad y comezón dentaria. Debes tener cuidado en que los trozos sean de tamaño adecuado, en función de la talla de tu mascota para evitar ahogamiento u obstrucciones.

 El pollo es rico en vitamina A, la cual favorece la salud ocular del perro; asimismo, es fuente de vitamina B$_2$, la cual refuerza su sistema inmunitario.

Cookies

Ingredientes para 50 galletas de 20 g

Glaseado

150 g de yogur natural sin azúcar
1 cucharada (18 g) de miel de abeja
¼ de cucharadita de polvo para hornear
colorante vegetal al gusto

Galletas

300 g de pechuga de pollo, sin hueso
ni piel, troceada
300 g de hígados de pollo, troceados
1 taza (150 g) de mezcla de verduras enlatadas,
drenadas
6½ tazas (900 g) de harina de trigo
integral + cantidad suficiente para enharinar
3 huevos
cantidad suficiente de agua

Glaseado

1 Mezcla todos los ingredientes hasta que obtengas un glaseado suave y terso. Distribúyelo en varios tazones, dependiendo de la cantidad de colores que desees obtener y mezcla cada glaseado con algunas gotas de colorante.

Galletas

1 Muele en un procesador de alimentos los trozos de pechuga y de hígado de pollo con las verduras hasta que obtengas una preparación homogénea. Transfiérela a un tazón.

2 Incorpora a la preparación anterior la harina de trigo; después añade, uno por uno, los huevos y la cantidad necesaria de agua para formar una masa tersa.

3 Precalienta el horno a 180 °C. Cubre una charola para hornear con papel siliconado.

4 Enharina ligeramente una mesa de trabajo y extiende la masa con un rodillo hasta que tenga un grosor de 1 centímetro. Obtén 50 figuras de masa, cortándola con cortadores de galleta de 3 centímetros de la forma de tu preferencia.

5 Coloca las figuras de masa en la charola y hornéalas durante 20 minutos o hasta que estén doradas. Deja enfriar las galletas sobre una rejilla y decóralas al gusto con los glaseados.

Croquetas caseras
para perro

Ingredientes para 1 kg

3¼ tazas (450 g) de harina de trigo + cantidad suficiente para enharinar
¼ de taza (25 g) de leche en polvo deslactosada
2 huevos
1 taza de aceite
1 taza de caldo de carne o pollo
colorante vegetal al gusto

1 Precalienta el horno a 180 °C. Cubre una charola con papel siliconado.

2 Mezcla todos los ingredientes en un tazón hasta que obtengas una masa homogénea; en caso de ser necesario, agrega un poco más de caldo o de agua.

3 Divide la masa en porciones, dependiendo de la cantidad de colores que desees obtener. Mezcla cada una con algunas gotas del colorante o los colorantes que hayas elegido.

4 Enharina ligeramente una mesa de trabajo y extiende con un rodillo la masa hasta que tenga ½ centímetro de grosor. Córtala con cortadores para galleta pequeños; o bien, enharina tus manos y forma pequeñas esferas o tiras. Coloca las figuras obtenidas en la charola.

5 Hornea las croquetas durante 1 hora. Retíralas del horno y déjelas enfriar. Sirve a tu mascota la porción adecuada en su tazón.

 Estas croquetas no sustituyen a las croquetas comerciales; debes ofrecerlas a tu mascota como premio.

Donas
de pollo

Ingredientes para 6 donas de 80 g

1¼ tazas (250 g) de harina integral de trigo + cantidad suficiente para enharinar

2 cucharaditas (7 g) de polvo para hornear

3 cucharadas de aceite de oliva

⅔ de taza (120 g) de queso mascarpone

110 g de pechuga de pollo picada

½ taza de leche deslactosada light

1. Precalienta el horno a 180 °C. Cubre una charola para hornear con papel siliconado.

2. Mezcla en un tazón grande la harina integral con el polvo para hornear. Vierte poco a poco el aceite de oliva, mezclando constantemente con una pala hasta obtener una masa homogénea. Añade el queso mascarpone y la pechuga de pollo picada y mezcla nuevamente. Incorpora la leche poco a poco y trabaja la masa con las manos hasta que esté suave.

3. Enharina ligeramente una mesa de trabajo y extiende encima la masa con un rodillo hasta que tenga un grosor de 1.5 centímetros. Obtén 6 donas, cortando la masa con un cortador para donas y colócalas en la charola, dejando un ligero espacio entre ellas.

4. Hornea las donas durante 20 minutos o hasta que estén ligeramente doradas. Déjalas enfriar antes de ofrecerlas a tu mascota.

Galletas
de betabel

Ingredientes para 7 galletas de 80 g

2½ tazas (200 g) de cubos de betabel pelado
1½ tazas (210 g) de harina de trigo integral
1 cucharada (10 g) de polvo para hornear
¼ de taza de aceite de oliva

1 Precalienta el horno a 180 °C. Engrasa 7 moldes de silicón individuales con forma de corazón.

2 Hierve los cubos de betabel en una olla con agua hasta que estén muy suaves; escúrrelos, déjalos enfriar y muélelos hasta obtener un puré terso.

3 Mezcla en un tazón el puré de betabel con la harina de trigo integral, el polvo para hornear y el aceite de oliva hasta obtener una preparación homogénea.

4 Distribuye la preparación en los moldes y hornéala durante 15 minutos. Deja enfriar las galletas, desmóldalas y ofrécelas a tu mascota.

 Puedes darle forma a la masa con las manos, en lugar de utilizar moldes.

El betabel es un alimento rico en antioxidantes y una excelente fuente de fibra. Debido a sus propiedades laxantes se recomienda tener mucho cuidado en no excederse en su consumo.

Galletas
de cheddar

Ingredientes para 30 galletas de 15 g

1 taza (130 g) de harina de trigo integral + cantidad suficiente para enharinar

2 cucharadas (20 g) de polvo para hornear

1¼ tazas (125 g) de queso *cheddar* rallado

3 cucharadas de aceite

½ taza de leche deslactosada light

110 g de carne molida de pechuga de pollo

1 Precalienta el horno a 180 °C. Cubre una charola para hornear con papel siliconado.

2 Mezcla en un tazón grande la harina de trigo con el polvo para hornear y el queso rallado. Vierte poco a poco el aceite, mezclando constantemente con una pala hasta obtener una masa homogénea. Agrega la leche y la carne molida de pollo y mezcla con las manos hasta que obtengas una masa suave.

3 Enharina ligeramente una mesa de trabajo y extiende encima la masa con un rodillo hasta que tenga un grosor de 1 centímetro. Obtén 30 figuras de masa cortándola con un cortador para galletas pequeño y colócalas en la charola, dejando un ligero espacio entre ellas.

4 Hornea las galletas durante 20 minutos o hasta que estén ligeramente doradas. Déjalas enfriar antes de ofrecerlas a tu mascota.

Sustituye el queso *cheddar* por la misma cantidad de queso manchego o parmesano.

Galletas
de huesito en microondas

Ingredientes para 8 galletas de 40 g

1 huevo
200 g de carne molida de pechuga de pollo
¾ de taza (100 g) de harina de trigo integral + cantidad suficiente para enharinar
¾ de taza (50 g) de avena hervida, escurrida

1 Mezcla todos los ingredientes en un tazón hasta obtener una mezcla homogénea.

2 Enharina ligeramente una mesa de trabajo y estira la mezcla con un rodillo hasta que tenga un grosor de 1.5 centímetros. Obtén 8 figuras de masa cortándola con cortadores para galleta en forma de hueso o la forma de tu preferencia.

3 Coloca las galletas en una charola apta para introducirla en el microondas y cuécelas entre 5 y 6 minutos, girándolas cada minuto, o hasta que estén bien cocidas. Procura no sobrecocerlas para evitar que se resequen. Déjalas enfriar antes de ofrecérselas a tu mascota.

Galletas
de verduras

Ingredientes para 60 galletas de 15 g

2 tazas + 1 cucharada (300 g) de harina de arroz integral
¾ de taza (50 g) de harina de avena o avena molida
½ taza (50 g) de semillas de girasol peladas, sin sal
2 zanahorias grandes picadas finamente
⅔ de taza (70 g) de calabacita cocida, picada finamente
½ taza (50 g) de floretes de brócoli picados
1 huevo
½ taza de agua
½ taza (125 g) de yogur natural sin azúcar

1 Precalienta el horno a 170 °C. Cubre una charola para hornear con papel siliconado.

2 Muele todos los ingredientes en un procesador de alimentos hasta que obtengas una masa homogénea. Toma pequeñas porciones de la mezcla con una cuchara y dales forma de esferas; colócalas en la charola y, si deseas que tus galletas sean planas, presiónalas ligeramente.

3 Hornea las galletas entre 20 y 25 minutos o hasta que se doren. Retíralas del horno y déjalas enfriar antes de ofrecérselas a tu mascota.

 Puedes hornear la masa en moldes individuales pequeños o en moldes para bombones.

Lord
sándwich

Ingredientes para 7 galletas de 40 g c/u

1 huevo con cáscara
1 taza + 1 cucharada (150 g) de harina de trigo integral + cantidad suficiente para enharinar
1 cucharada de miel de abeja
1 manzana descorazonada y picada
¾ de taza (150 g) de queso mascarpone

1 Precalienta el horno a 200 °C. Cubre una charola para hornear con papel siliconado.

2 Muele en un procesador de alimentos el huevo con cáscara hasta que esta última se haya desecho casi por completo.

3 Mezcla en un tazón el huevo procesado con la harina de trigo integral y la miel de abeja hasta obtener una masa homogénea.

4 Enharina ligeramente una mesa de trabajo y extiende encima la masa con un rodillo hasta que tenga un grosor de 1 centímetro. Obtén 14 discos de masa con un cortador para galletas circular y colócalos en la charola.

5 Hornea las galletas durante 15 minutos o hasta que se doren ligeramente. Retíralas del horno y déjelas enfriar.

6 Bate el queso mascarpone hasta que se suavice y mézclalo con la manzana picada. Distribuye esta mezcla sobre la mitad de las galletas y cúbrelas con las galletas restantes.

 La cáscara del huevo es rica en minerales, sobre todo en calcio. Consumirla procesada facilita la asimilación de este mineral por el organismo.

Pasteles

Ofrece una porción 1 vez a la semana

Cupcakes
de calabaza

Ingredientes para 12 cupcakes de 60 g

2 huevos
⅓ de taza de aceite de oliva
½ taza (125 g) de yogur natural sin azúcar
½ taza (80 g) de miel de abeja
1 taza (150 g) de harina de arroz integral
1 cucharadita (4 g) de polvo para hornear
1 cucharadita (4 g) de bicarbonato
1 cucharadita de canela molida

2 tazas (210 g) de puré de calabaza de Castilla
¾ de taza (50 g) de avena hervida, escurrida

Decoración

1 taza (190 g) de queso crema bajo en grasas,
a temperatura ambiente
12 premios para perro con forma de huesito
colorante artificial azul, al gusto (opcional)

1 Precalienta el horno a 170 °C. Engrasa ligeramente un molde para cupcakes.

2 Bate el huevo con el aceite, el yogur y la miel hasta obtener una mezcla homogénea. Mezcla en otro recipiente la harina de arroz con el polvo para hornear, el bicarbonato y la canela molida. Incorpora con un batidor globo esta mezcla a la preparación de huevo y yogur; cuando la mezcla sea homogénea, añade el puré de calabaza y mezcla bien.

3 Distribuye la preparación en las cavidades del molde para cupcakes; hornéalos durante 20 minutos. Retíralos del horno y déjalos enfriar.

Decoración

1 Bate el queso crema hasta suavizarlo y mézclalo, si lo deseas, con algunas gotas de colorante azul. Decora los cupcakes con esta crema y con los premios en forma de huesito.

Para hacer el puré de calabaza, hierve 3 tazas de cubos de calabaza de Castilla hasta que estén suaves. Pélalos, retíreles las semillas y muélelos en un procesador de alimentos.

Cupcakes
de manzana

Ingredientes para 6 cupcakes de 60 g

½ taza (70 g) de harina de trigo integral
1 cucharadita (5 g) de polvo para hornear
⅓ de taza de aceite
⅓ de taza (80 g) de puré de manzana sin azúcar,
de preferencia orgánico
o sin conservadores
1 huevo
2 cucharaditas de miel de abeja

Decoración
½ taza (120 g) de queso mascarpone
3 cucharadas (45 g) de yogur griego natural,
sin azúcar
1½ cucharadas de mantequilla de cacahuate
(opcional)
croquetas molidas, al gusto

1 Precalienta el horno a 180 °C. Coloca capacillos a 6 cavidades de un molde para cupcakes.

2 Mezcla en un tazón la harina de trigo integral y el polvo para hornear. Añade el aceite, el puré de manzana, el huevo y la miel de abeja, mezclando ocasionalmente entre cada adición; deberás obtener una mezcla homogénea. Distribúyela en los capacillos.

3 Hornea los cupcakes entre 15 y 18 minutos o hasta que al introducir un palillo en el centro de uno de los ellos, éste salga limpio. Retíralos del horno y déjalos enfriar.

Decoración

1 Bate el queso mascarpone hasta que adquiera una consistencia suave y cremosa y mézclalo con el yogur, y si lo deseas, con la crema de cacahuate. Introdúcelo en una manga pastelera con duya.

2 Decora los pastelitos con el queso y espolvoréales un poco de croquetas molidas. Retírales el capacillo antes de servirlos a tu mascota.

Los cupcakes y pasteles se conservan en refrigeración hasta por 3 días.

Pastel
de calabaza

Ingredientes para 750 g

250 g de pechuga de pollo sin piel ni hueso
2 tazas (270 g) de harina de trigo integral
¾ de taza (50 g) de avena hervida, escurrida
1 cucharada de aceite de oliva
¼ de taza de agua
2¼ tazas (250 g) de puré de calabaza
de Castilla (ver pág. 94)
335 g de comida para perro, enlatada

Decoración
6 espárragos
1¼ tazas (225 g) de queso mascarpone
½ taza (65 g) de calabacita rallada, cocida
10 premios para perro en forma de huesito

1 Cuece el pollo en agua hirviendo; escúrrelo, déjalo enfriar y pícalo.

2 Precalienta el horno a 180 °C y engrasa un molde para pastel de 13 centímetros de diámetro.

3 Mezcla en un tazón la harina con la avena, el aceite de oliva y el agua. Añade el puré de calabaza, la comida para perro y el pollo picado, y mezcla hasta obtener una masa homogénea. Transfiérela al molde y presiónala ligeramente para alisar la superficie.

4 Hornea el pastel durante 45 minutos o hasta que al insertarle un palillo en el centro, éste salga limpio. Retíralo del horno y déjalo enfriar antes de desmoldarlo.

5 Pon sobre el fuego una olla con suficiente agua; cuando hierva, agrega los espárragos y cuécelos durante 2 minutos. Sácalos del agua y sumérgelos en un tazón con agua fría y hielos. Escúrrelos y sécalos con papel absorbente.

6 Acrema en un tazón el queso mascarpone y cubre con él la superficie del pastel. Coloca sobre el pastel las calabacitas ralladas y decóralo con los espárragos y los premios para perro.

Pastelillos
de pollo y zanahoria

Ingredientes para 12 pastelillos de 150 g

1½ tazas (225 g) de arroz integral
3 tazas de agua
1 papa pelada, rallada
½ rama de apio picada
4 huevos
1½ cucharadas de aceite de oliva

1¼ kg de pechuga de pollo
sin hueso ni piel, picada
1½ tazas (125 g) de avena hervida, escurrida
2 zanahorias ralladas
zanahorias *baby* para decorar, al gusto

1 Precalienta el horno a 200 °C. Engrasa una charola para hornear o cúbrela con papel siliconado.

2 Pon sobre el fuego una olla con el arroz y el agua; cuando ésta hierva, baja el fuego, tapa la olla y cuece el arroz durante 15 minutos o hasta que toda el agua se haya absorbido y el arroz esté suave. Retira la olla del fuego y deja enfriar el arroz.

3 Mezcla en un tazón la papa rallada con el apio picado y los huevos. Incorpora el aceite de oliva, el pollo, la avena y el arroz cocido. Distribuye la preparación en la charola y alisa la superficie con una espátula.

4 Hornea el pastel entre 30 y 45 minutos. Sácalo del horno y déjalo enfriar.

5 Corta el pastel en 24 discos con un cortador para galletas. Distribuye la zanahoria rallada sobre la mitad de los discos y cúbrelos con los discos restantes. Decora los pastelitos con las zanahorias *baby* y sirve a tu mascota la ración adecuada.

 Guarda las porciones de pastel en una bolsa resellable y consérvalas en el congelador; de esta forma podrás descongelarlas individualmente cuando desees ofrecer una a tu mascota.

Pastel
de cumpleaños

⅔ de taza (90 g) de harina de trigo integral

1½ cucharadas (15 g) de polvo para hornear

⅓ de taza (30 g) de avena hervida, escurrida

2 huevos

300 g de comida de pollo
para perro, enlatada

½ taza (125 g) de yogur natural sin azúcar

1 cucharadita de aceite de oliva

100 g de rebanadas de tocino de pollo ahumado,
picado

Decoración

1 taza + 2 cucharadas (200 g) de queso
mascarpone

1 bolsa de premios para perro

1 palo de carnaza

1 Precalienta el horno a 180 °C. Engrasa y enharina un molde para pastel de 13 centímetros de diámetro.

2 Mezcla la harina de trigo integral con el polvo para hornear y la avena; añade los huevos y mezcla hasta que obtengas una masa densa y firme. Agrega la comida para perro, el yogur y aceite de oliva, y mezcla nuevamente hasta obtener una preparación homogénea.

3 Vierte la preparación en el molde y hornéela durante 30 minutos. Retira el pastel del horno y déjalo enfriar antes de desmoldarlo.

4 Bate el queso mascarpone hasta que adquiera una consistencia suave y cremosa. Cubre con el queso la parte superior del pastel con ayuda de una espátula. Decora con los premios para perro y clava en el centro la carnaza para simular una vela.

Pastel de manzana
y zanahoria

Ingredientes para 750 g

1 zanahoria rallada
1 manzana descorazonada
1 huevo
¾ de taza (200 g) de yogur natural sin azúcar
¼ de cucharadita de aceite de oliva
1 cucharada de esencia de vainilla
2 tazas (180 g) de avena hervida, escurrida
1 taza (140 g) de harina de trigo integral

1 cucharada (10 g) de polvo para hornear
1 pizca de canela molida

Decoración
½ taza (100 g) de queso mascarpone
1 zanahoria rallada
3 orejones de manzana troceados
2 carnazas con forma de espiral

1. Precalienta el horno a 200 °C. Engrasa y enharina un molde para pastel de 13 centímetros.

2. Mezcla en un tazón la zanahoria y la manzana ralladas con el huevo. Combina el yogur natural con el aceite de oliva y la esencia de vainilla e incorpóralos junto con la avena cocida a la mezcla de zanahoria, manzana y huevo.

3. Mezcla la harina de trigo integral con el polvo para hornear y la canela molida; añade esta mezcla a la preparación anterior y mezcla hasta obtener una preparación homogénea. Viértela en el molde.

4. Hornea el pastel durante 30 minutos o hasta que al insertarle un palillo en el centro, éste salga limpio. Retíralo del horno y déjalo enfriar antes de desmoldarlo.

Decoración

1. Bate el queso mascarpone hasta que adquiera una consistencia suave y cremosa e introdúcelo en una manga pastelera con una duya pequeña.

2. Distribuye en la superficie del pastel la zanahoria rallada y los trozos de orejones de manaza; cubre la orilla con el queso mascarpone y decora con las carnazas. Corta el pastel en porciones y sirve a tu mascota la ración adecuada.

Bebidas y helados

Ofrece una porción 1 vez a la semana

Bebida
de plátano y col china

Ingredientes para 390 ml

1 plátano troceado
1½ tazas (200 g) de cubos de piña
1½ tazas (50 g) de hojas de col china o de *kale*, troceadas
cantidad suficiente de aceite de girasol (ver pág. 14)

1 Licua todos los ingredientes hasta que obtengas una mezcla homogénea. Sirve a tu mascota la porción adecuada en su tazón.

 La piña es un alimento benéfico para la nutrición de los perros, siempre y cuando se ofrezca ocasionalmente en pequeñas cantidades. La fructosa que contiene es una buena fuente de energía, fibra, vitaminas y minerales; asimismo, la bromelina, una enzima presente en esta fruta, promueve la digestión de las proteínas de la carne, que es la base de la dieta de los canes.

Bebida refrescante
de manzana y hierbabuena

Ingredientes para 700 ml

1 manzana descorazonada y troceada
2 tazas de agua
6 hojas de hierbabuena

1 Pon sobre el fuego una olla con los trozos de manzana y el agua; cuando hierva, retira la olla del fuego y agrega al agua las hojas de hierbabuena. Tapa y deja que se enfríe por completo.

2 Licua el agua con los trozos de manzana y las hojas de hierbabuena hasta obtener una preparación homogénea. Sirve a tu mascota la porción adecuada en su tazón.

 Esta bebida es ideal para refrescar el aliento de tu mascota.

Delicia congelada
de fresa y plátano

Ingredientes para 40 delicias de 20 g

1 plátano
1 taza (125 g) de fresas
2 tazas de jugo de manzana natural
½ taza (125 g) de yogur griego natural sin azúcar

1   Corta el plátano en rodajas, colócalas en un tazón y aplástalas con un tenedor para obtener un puré. Repite este procedimiento con las fresas.

2   Mezcla en un recipiente el puré de plátano y el de fresa con el resto de los ingredientes. Distribuye la preparación en moldes para hacer cubos de hielo con forma de huesito o la forma de tu preferencia; congélala durante 4 horas o hasta que los hielos estén firmes.

3   Desmolda las porciones que vayas a servir y déjalas reposar algunos minutos a temperatura ambiente antes de ofrecerlas a tu mascota.

 Las fresas son una buena fuente de fibra; minerales, como potasio, yodo y magnesio; así como en vitamina K, B_1, B_6 y C, la cual ayuda a retrasar el envejecimiento celular y mejora el sistema inmune.

Helado
para canes

Ingredientes para 16 porciones de 20 g

¼ de taza (40 g) de moras
¼ de taza (40 g) de arándanos frescos
1 taza (250 g) de yogur griego natural sin azúcar
2 cucharadas de miel de abeja
hojas de hierbabuena picadas, al gusto

1 Coloca las moras y los arándanos en un tazón y aplástalos ligeramente con un tenedor. Mézclalos con el resto de los ingredientes.

2 Distribuye la preparación en un molde para hacer cubos de hielo con forma de huesitos o la forma de tu preferencia y congélala durante 4 horas o hasta que los hielos estén firmes.

3 Desmolda las porciones que vayas a servir y déjalas reposar algunos minutos a temperatura ambiente antes de ofrecerlas a tu mascota.

 Puedes sustituir los arándanos frescos por la misma cantidad de frambuesas.

Jugo
de zanahoria y arándano

Ingredientes para 230 ml

1 zanahoria troceada o 6 zanahorias *baby*
3 cucharadas (25 g) de arándanos frescos
1 taza de agua

1 Licua todos los ingredientes hasta que obtengas una mezcla homogénea. Sirve a tu mascota la porción adecuada en su tazón.

 Puedes sustituir los arándanos frescos por la misma cantidad de frambuesas.

La zanahoria y los arándanos son ricos en nutrientes antioxidantes, cuya función consiste en anular el efecto negativo que tienen los radicales libres en el organismo; por tanto, éstos protegen a tu mascota de tener infecciones.

Leche para
cachorros

Ingredientes para 1.3 l de leche

2 tazas de yogur griego natural sin azúcar
2 cucharadas de miel de abeja
2 yemas
2½ tazas de leche deslactosada
¾ de taza de agua

1 Bate en un tazón el yogur griego con la miel de abeja y las yemas. Agrega poco a poco y sin dejar de mezclar la leche y el agua hasta obtener una mezcla homogénea.

2 Deja reposar la preparación durante 15 minutos para que el aire salga de la mezcla.

3 Antes de servir, calienta la porción que ofrecerás a tu mascota en el microondas durante 10 segundos.

Puedes ofrecer ocasionalmente esta leche a un cachorro de hasta 12 meses; la ración adecuada es de 5 mililitros por kilogramo de peso. Es ideal para complementar la alimentación de cachorros huérfanos o de camadas grandes, aunque no debe ser utilizada como sustituto de la leche de la madre o de una fórmula veterinaria. También puedes ofrecerla ocasionalmente a la madre para ayudarle a fortalecerse.

Consérvala en refrigeración hasta por 3 días.

Té relajante

Ingredientes para 250 ml

1 taza de agua
1 bolsa de té de toronjil o melisa

1 Hierve el agua en una cacerola sobre el fuego. Añádele la bolsa de té y déjalo infusionar durante 3 minutos. Retira la bolsa y deja enfriar la infusión antes de ofrecerla a tu mascota.

 Las hojas de toronjil o melisa, con su suave aroma cítrico, son un remedio muy eficaz contra la ansiedad, el nerviosismo y la irritabilidad. Ofrecer esta infusión a tu mascota le ayudará a relajarse naturalmente en momentos de estrés.

Té buen aliento

Ingredientes para 250 ml

1 taza de agua
5 hojas de hierbabuena
3 hojas de perejil

1   Hierve el agua en una cacerola sobre el fuego. Añádele las hojas de hierbabuena
y déjalas infusionar durante 3 minutos. Cuela la infusión y déjala enfriar.

2   Añade las hojas de perejil a la infusión fría antes de ofrecerla a tu mascota.

 La infusión de hierbabuena puede ayudar a mejorar el aliento de tu perro, pero también tiene propiedades digestivas y es eficaz contra los mareos y las náuseas. Esta infusión es útil si vas a viajar con tu perro en coche y también es de gran ayuda para perros que están en tratamiento de quimioterapia, ya que protege de la radiación y ayuda a disminuir los desagradables efectos secundarios.

Té digestivo

Ingredientes para 250 ml

1 taza de agua
5 flores de manzanilla

1. Hierve el agua en una cacerola sobre el fuego. Añádele las flores de manzanilla y déjalas infusionar durante 3 minutos. Cuela la infusión y déjala enfriar antes de ofrecerla a tu mascota.

 Las flores de manzanilla tienen propiedades digestivas y relajantes; puedes ofrecerlas a tu mascota para promover su digestión o ayudarla a aliviar dolores estomacales.

Glosario

Ácidos grasos. Moléculas presentes en las grasas. Se clasifican en saturados e insaturados y están presentes en productos vegetales y animales, como el coco, el pescado o el huevo.

Acremar. Mezclar o batir un ingrediente o una preparación para incorporarle aire y suavizarla para que adquiera una consistencia cremosa.

Antioxidante. Molécula presente en alimentos de origen vegetal, como enzimas, vitaminas y pigmentos. Su función antioxidante consiste en anular el efecto negativo que tienen los radicales libres en el organismo, ya sea aumentando la velocidad de su ruptura, previniendo su formación, o inactivándolos. Como resultado, protegen al organismo de sufrir infecciones, ralentizan el deterioro celular y el envejecimiento prematuro, además de disminuir la posibilidad de generar distintos tipos de cáncer.

Betacaroneno. Pigmento vegetal con función antioxidante que se encuentra principalmente en alimentos de color amarillo o naranja, como la zanahoria, la naranja y la calabaza de Castilla. Este pigmento es responsable de transformar la provitamina A en vitamina A dentro del organismo.

Capacillo. Molde de papel encerado que se utiliza para hornear cupcakes o panqués individuales.

Duya. Boquilla de acero inoxidable o plástico, en forma de cono, que se coloca en la punta de una manga pastelera para decorar diferentes preparaciones.

Engrasar. Procedimiento que consiste en untar con alguna materia grasa (manteca vegetal, mantequilla o aceite) una charola o molde de repostería.

Enharinar. Cubrir una superficie con una capa delgada de harina.

Infusión. Bebida que se obtiene al dejar reposar un ingrediente en un líquido muy caliente para extraer sus sustancias aromáticas. El término designa también a la bebida obtenida.

Kale. Verdura de hoja, conocida también como col rizada, que pertenece a la familia de las coles. Se puede consumir cruda o cocida. Es una buena fuente de proteína vegetal, calcio, hierro, magnesio y antioxidantes.

Manga pastelera. Utensilio de tela o plástico en forma de cono, que se utiliza para distribuir una preparación de manera uniforme, o para decoración de postres.

Papel siliconado. Papel tratado con silicón que ayuda a que no se peguen los productos. Se puede hornear sin problemas y es muy resistente.

Queso mascarpone. Queso italiano con textura muy ligera y cremosa, similar a la crema batida. Se consigue en algunos supermercados y tiendas especializadas.

Saltear. Término que designa una cocción por grasa de ingredientes sólidos y pequeños en un sartén a fuego alto.

Índice de recetas

Índice de ingredientes